| 추천의 글 |

    심폐 소생술은 배운다고 하여 내 자신에게 이득이 되는 것이 아닌 다른 사람의 생명을 구할 수 있는 숭고한 응급 처치 방법입니다. 예전에는 우리나라의 목격자 심폐 소생술 시행률이 매우 낮았기 때문에 심장 정지 환자의 생존율이 선진국에 비해 크게 떨어지는 것이 사실이었습니다. 그러나 최근에는 자동 심장 충격기의 보급과 더불어 심폐 소생술에 대한 다양한 홍보 및 교육이 활발히 이루어지고 있습니다.

    특히 심폐 소생술 교육은 어릴 때 반복적으로 받을수록 효과가 큰 것으로 알려져 있으며, 우리나라의 초등, 중, 고등학교 등의 보건 교육 과정에 포함되어 있습니다. 이러한 노력으로 인해 우리나라의 목격자 심폐 소생술 시행률도 선진국과 비견될 정도로 점차 증가되었습니다.

    이 책은 초등학생인 로운이와 선호의 시선으로 심폐 소생술에 대한 경험을 현실감 있게 소개하고 있어서 관련 학생들에게 매우 흥미롭게 다가갈 수 있을 것으로 생각됩니다. 심폐 소생술에 대한 이런 다양한 매체의 발간이 심폐 소생술과 자동 심장 충격기에 대한 우리나라 국민의 관심과 인지도를 높이고, 나아가 보다 안전한 사회를 만드는 데 일조할 것이라 확신합니다.

대한심폐소생협회 기본소생술위원장
한림의대 조규종 교수

4분의 기적

제성은 글 | **임나운** 그림 | **대한심폐소생협회** 감수
초판 1쇄 발행일 2024년 8월 20일
펴낸이 박봉서 **펴낸곳** (주)크레용하우스 **출판등록** 제1998-000024호
편집 이민정·최은지 **디자인** 김금순 **마케팅** 한승훈·신빛나라
주소 서울 광진구 천호대로 709-9 **전화** (02)3436-1711 **팩스** (02)3436-1410
인스타그램 @crayonhouse.book **이메일** crayon@crayonhouse.co.kr

ⓒ 제성은, 임나운 2024
이 책에 실린 글과 그림은 무단 전재 및 무단 복제할 수 없습니다.
KC마크는 이 제품이 공통안전기준에 적합하였음을 의미합니다.

ISBN 979-11-7121-073-2 74510

4분의 기적

제성은 글
임나운 그림
대한심폐소생협회 감수

크레용하우스

| 작가의 말 |

'기적'이라는 말을 아나요?

상식으로는 생각할 수 없는 기이한 일.
그게 바로 기적이라고 국어사전은 알려 줍니다.
그렇다면 여러분, '4분의 기적'이라는 말을 들어 본 적 있나요? 1분도, 2분도, 10분도 아닌, 콕 집어 '4분의 기적'이요.
4분의 기적은 심정지가 발생했을 때 주변 사람이 4분 이내에 심폐 소생술을 하면 뇌 손상 없이 살아날 가능성이 있다는 데에서 비롯되었어요. 그러니까 『4분의 기적』이라는 제목을 가진 이 책은 바로 '심폐 소생술'에 대한 이야기지요.
이 이야기를 쓰게 된 데는 두 가지 계기가 있었습니다. 하나는 제가 고등학교 때 심폐 소생술 수업을 들었던 것, 또 하나는 지인이 해 준 이야기 덕분이었어요.
제 지인이 고등학교 보건 선생님이었는데, 아이들과 함께 심폐 소생술 대회를 나간다고 하더라고요. 그러면서 어떻게 진행되는지를 이야기해 주는데 너무 의미 있다고 생각했고, 더 많은 아이들이 심폐 소생술을 배웠으면 좋겠다는 생각도 들었어요.
그 후, 심폐 소생술에 대한 이야기를 한번 써 보고 싶다고 생각했어요. 처음에는 심폐 소생술을 도와주는 교육용 인형인 '애니'의 입장에서 썼습니다. 하지만 아이들이 좀 더 많이 공감할 수 있는 이야기로 쓰고 싶어져서 지금처럼 바뀌게 되었답니다.

  이야기를 쓰면서 여러분에게 가장 전하고 싶은 것은 이것이었습니다. 기적이라는 것은, 절대로 일어나지 못할 일이 아니라는 것, 우리가 바로 그 기적을 일으킬 수 있는 멋진 영웅이라는 점 말입니다.

  우리와 함께 살아가는 사람들이지만, 알고 보면 숨어 있던 영웅들의 이야기를 뉴스에서 보곤 합니다. 퇴근을 하던 간호사가, 구급대원이, 심폐 소생술을 배운 초등학생이 심폐 소생술을 통해 꺼져 가는 생명에 기적을 일으킨 주인공으로 등장하지요. 갈수록 각박하고 흉흉한 뉴스가 많아지는 요즘이지만, 숨은 영웅들이 기적처럼 나타나 타인을 위하여 이타적으로 행동하는 모습은 우리 모두의 마음을 따뜻하고 뭉클하게 하지요.

  그러고 보니 상식으로는 생각할 수 없는 기이한 일이라고 여겼던 기적이 멀리 있지 않아 보입니다. 그리고 그 기적은, 여러분도 얼마든지 만들 수 있습니다.

오늘의 기적을 기다리며
제성은

| 차례 |

로운　　　　　　　　8
선호　　　　　　　　19
보건 선생님　　　　　25
학교 대표　　　　　　33
어쩌다 보니　　　　　44
진짜 안 맞아　　　　　53
연습　　　　　　　　68
위기　　　　　　　　78
우리가 찾은 기적　　　85
애니　　　　　　　　92
심폐 소생술을 알아봐요!　96

로운

"이로운!"

담임 선생님은 오늘만 해도 열 번 넘게 로운이의 이름을 불렀다. 로운이와 선호는 서로 몸으로 밀었다가 잡아당기며 싸우고 있었다. 몇몇 아이들이 선생님을 불러왔고, 선생님은 뒤엉켜 싸우고 있는 로운이와 선호를 갈라놓았다.

"이로운, 김선호, 너희들 왜 이래?"

"이 녀석이 먼저 덤비잖아요!"

로운이는 얼굴까지 벌겋게 달아오른 채 씩씩거렸다. 반 아이들이 있었으니 망정이지, 만약 선생님만 있었다면 그 자리에서 엉엉 울어 버렸을지도 몰랐다.

"덤비긴 뭘 덤벼! 난 그냥 네가 구구단도 잘 모른다고만 했는데!"

"구구단 다 알거든!"

"그럼 8 곱하기 9는 몇이야?"

"됐어!"

"말해 봐! 모르지?"

선호는 선생님 앞에서도 계속 깐족거렸다. 로운이는 금방이라도 화산이 폭발할 듯한 눈빛으로 선호를 노려보았다. 선호가 혓바닥까지 쏙 내밀자 얄미워서 정말이지 한 대 쥐어박고 싶었다.

"그만해라, 김선호."

선생님이 선호를 나무랐다. 그러고는 로운이를 바라보았다.

"로운아, 자꾸 교실에서 이렇게 싸울래?"

선생님의 질책에 로운이는 도리어 되물었다.

"그러면 운동장에선 싸워도 돼요?"

"말이 되는 소리를 해라. 당연히 안 되지!"

"급식실이나 화장실에서는요?"

"이로운, 너 자꾸 말꼬리 잡을래?"

"말로는 싸워도 돼요?"

"그것도 안 돼!"

"쳇! 이것도 저것도 다 안 된대!"

로운이의 입이 삐죽 튀어나왔다. 그렇잖아도 통통한 볼이 유난히 더 부풀어 보였다.

"이로운, 넌 덩치가 커서 불리하단 말이야."

"왜요? 덩치 크면 유리하죠!"

"아니, 같이 싸워도 너 말고 친구가 다칠 위험이 더 크잖아?"

그제야 로운이는 입을 꾹 다물었다. 맞다. 친구를 다치게 하면 안 된다. 선호가 다치기라도 하면……. 그러면 선호 엄마가 학교로 전화를 할 테고, 학교에서는 로운이 집으로 연락을 할 터였다.

기분이 나빴다. 싸움의 시작은 김선호였는데. 수학을

못한다고 시작하더니 2학년 아이들이 배우는 구구단도 못한다며 놀려 대며 망신을 주었다. 그래서 몸으로 살짝 밀었을 뿐이었다. 누가 먼저 싸움을 시작한 게 문제가 아니라 덩치로 미는 게 더 문제인가?

"어이없네!"

로운이는 소리를 꽥 질렀다.

선생님은 한마디 더 하려고 입을 벌렸다가 금세 다물었다. 선생님이 무슨 말을 할지 확실하진 않았지만 로운이는 대충 어떤 말일지 알 것 같았다. 할머니 할아버지를 생각해서 빨리 철 좀 들라는 말일 거라고. 하지만 로운이는 그건 기적 같은 일이라고 생각했다.

로운이는 할머니 할아버지와 함께 살고 있었다. 엄마 아빠가 헤어지면서 아빠는 할머니 할아버지에게 로운이를 맡겼다. 그리고 몇 달에 한 번 내킬 때만 로운이를 찾아왔다. 로운이는 그런 상황에 놓이게 된 것이 그저 싫기만 했다.

'엄마 아빠가 내 생각을 하긴 했을까?'

이런 생각을 하다 보면, 그 끝에는 늘 분노가 뒤따라왔다. 할머니 할아버지와 함께 사는 게 고마우면서도 부끄럽다는 생각에 이르면 자신에게도 화가 났다.

 수업이 끝나고 로운이는 배가 고파서 큰길 쪽에 있는 편의점에 들렀다. 편의점 아저씨는 늘 입을 꾹 다물고 퉁명스러운 표정으로 로운이를 내려다보았다. 로운이는 계산을 하려고 동전을 전부 꺼내서 올려놓았다.
"아휴, 동전이 몇 개냐?"
 편의점 아저씨는 동전을 대충 세며 한숨을 쉬었다. 로운이는 시선을 돌리려고 문밖을 바라보았다.
 그런데 문밖으로 할머니와 할아버지가 보였다. 할머니 할아버지의 키나 덩치가 커서 잘 보이는 게 아니었다. 리어카에 쌓인 폐지를 보고 알아챈 것이었다. 할아버지는 슬쩍 눈치를 보다가 편의점 앞에 쌓여 있는 상자를 잡아챘다.
 그때였다. 편의점 아저씨가 동전을 세다 말고 창밖을 바라보더니 소리쳤다.
"하아, 저 영감님이 또!"

편의점 아저씨가 문을 벌컥 열고 나갔다.

"아니, 이거는 다른 분 드릴 거라고요. 왜 번번이 가져가세요."

열린 문으로 대화를 들을 수 있었다. 로운이는 몸을 살짝 숙인 채 바깥을 바라보았다. 할머니가 고개를 연신 숙이며 말했다.

"죄송합니다. 영감, 이건 우리 거 아니라고 했잖아."

하지만 할아버지는 끝까지 상자를 놓지 않고 리어카에 실었다.

"다음부턴 안 그럴게요."

할머니는 편의점 아저씨에게 미안한 표정을 짓고는 리어카를 밀며 멀어져 갔다. 편의점 아저씨는 인상을 푹 쓰고 들어오며 말했다.

"아휴, 불쌍해서 내가 한번 봐준다."

그러더니 로운이를 보며 물었다.

"너희 할머니 할아버지지?"

로운이의 귀가 순식간에 달아올랐다. 어떻게 알았을까? 하긴, 할머니와 몇 번이나 이 편의점에 온 적이 있었다. 아니라고 할 수도, 맞다고 할 수도 없었다. 그냥 창피해서 도망치고 싶었다. 로운이는 재빨리 편의점을 나와 버렸다.

'아, 돈!'

로운이는 다시 들어가서 계산대 위에 있던 동전을 챙겼다. 서두르다 보니 동전이 쨍그랑 소리를 내며 우르르 바닥으로 떨어졌다. 떨어진 동전을 다 주운 로운이는 나가려다 누군가와 눈이 딱 마주쳤다.

바로 선호였다.

'저 녀석, 언제부터 보고 있었던 거야?'

선호는 컵라면을 먹고 있었다. 로운이는 선호가 자기를 보며 살짝 웃는 것 같아서 표정이 굳어 버렸다. 쥐구멍에라도 들어가고 싶다는 말이 절로 떠올랐다. 그리고 '김선호, 이럴 땐 그냥 모른 척하는 거야.'라고 말하고 싶었다.

집으로 돌아온 로운이는 휴대 전화로 고개를 처박았다. 게임은 참 좋았다. 시간을 들이면 들인 만큼 레벨이 올라갔다. 그리고 게임에서 레벨이 높으면 친구들에게 큰소리칠 수 있었다.

하지만 지금의 기분은 게임도 달래 주지 못했다. 머릿속에 계속 편의점 아저씨의 말이 떠올랐다. 불쌍해서 봐준다, 불쌍해서…….

불쌍하다는 그 말이 마음에 콕 박혔다. 불쌍한 할아버지와 할머니 그리고 더 불쌍한 자기 자신. 로운이는 누군가에게 불쌍해 보이고 싶지 않았다. 하지만 그렇게 되지 않는 방법은 무엇인지 알 수 없었다.

선호

선호는 수학 학원에 갔다가 열 시가 다 되어서야 집에 돌아왔다.
"선호야, 얼른 씻어."
선호는 가방을 풀자마자 엄마의 성화에 샤워부터 했다.
"아, 배고파."
샤워를 하면서 샤워기에서 쏟아지는 물로 입을 헹궜다. 배가 고팠다. 학원 가기 전 편의점에서 먹은 컵라면이 마지막이었다. 엄마가 저녁밥을 먹겠냐고 물었지만 고개를 내저었다.

 샤워해서 졸린데 밥까지 먹으면 더 졸려서 숙제를 다 하지 못한 채 잠이 들 것이다. 그래서 간식이나 먹으며 숙제를 해야겠다고 생각했다.

 선호는 엄마가 간식을 가지고 들어오기 전까지 책을 한 권 읽었다. 재미있어서 벌써 열 번도 더 읽은 책이었다. 그러다 공책을 꺼내 들었다.

 "이다음은 이렇게 썼으면 더 재밌었을 텐데."

 선호는 자기만의 상상력을 발휘해서 이야기의 뒷부분을 다시 써 내려가기 시작했다. 연필을 잡은 손이 신나게 움직였다. 그때였다. 선호를 현실로 돌아오게 하는 주문이 들려왔다.

 "선호야, 너 오늘 시험은 왜 이렇게 많이 틀렸어?"

 엄마가 간식을 가지고 방에 들어오면서 한 첫마디였다. 시험 결과가 앱을 통해서 엄마에게 막 전송된 것이다.

 선호는 엄마가 시험에 대해 물을 때마다 햇볕을 너무 많이 받은 식물처럼 마음이 바삭거렸다. 엄마는 5학년이 6학년 수학을 선행하는 건 너무 늦은 거라며, 중학교나

고등학교 수학 정도는 풀어야 한다고 했다.

"엄마 말 듣고 있어? 너 뭐 하는데?"

"응?"

선호는 서둘러 공책을 덮어 버렸다.

"아, 아무것도……."

선호는 말을 얼버무렸다. 엄마는 어느 날부턴가 선호가 쓴 글은 읽어 볼 생각조차 하지 않았다. 선호가 글을 쓸 때마다 괜히 쓸데없는 짓이나 한다고 타박했다.

"또 글 썼니? 백날 천날 쓰면 뭐 하니? 그런 것보다는 수학이나 영어를 잘해야지."

엄마는 항상 같은 말로 선호의 기분을 상하게 했다. 엄마에게 그런 말을 들을 때마다 선호의 마음속에서는 이런 말이 튀어나왔다.

'엄마, 인공 지능이 나보다 수학을 훨씬 잘 풀어. 하지만 나처럼 특별한 상상을 할 순 없을걸. 난 재미있는 이야기를 만들고 싶어. 감동적인 이야기도 좋고.'

하지만 선호의 이런 생각을 엄마 아빠가 칭찬한다면 기적 같은 일일 것이다. 어릴 땐 언어에 재능이 있나 보다며

좋아하던 엄마는 그것이 수학이나 영어 공부로 이어지길 바랐다.

"학원은 학원이고 스스로 공부도 좀 해야지. 어느 분야든 학교 대표나 일등을 목표로 끈기 있게 도전해 보란 말이야. 잠을 좀 줄여서라도."

아빠도 한몫 거들었다.

선호의 마음은 몇 톤은 되는 닻처럼 가라앉았다. 그렇지 않아도 작은 몸이 깊숙한 바닷속으로 잠겨 버리는 기분이었다. 잠을 줄여서라도 더 잘하라는 말은 마음을 허하게 했다. 선호는 나름대로 잘해 나가고 있다 생각했는데, 자기가 한심하고 모자란 아이인 것 같아서 슬펐다.

선호는 사실 로운이가 부러웠다. 로운이는 공부 대신 키를 선택한 것처럼 덩치가 컸다. 게다가 자유로워 보였다. 만약 자기처럼 집에서 공부하라고 닦달했다면 로운이가 그렇게까지 게임을 잘하진 못했을 것이다. 체육 시간에도 몰래 휴대 전화로 게임하는 모습을 보면 남의 눈을 신경 쓰지 않는 듯했다.

그래서 선호는 괜히 로운이만 보면 심술이 났다. 자기

가 갖지 못한 걸 가지고 있는 것만 같아서, 하고 싶은 대로 사는 것 같아서, 자꾸만 깐족거리게 되었다. 로운이보다 자신이 더 나은 삶을 살고 있다고 자기 자신을 다독이고 싶었다. 그냥 자꾸만 그러고 싶은 날이 있었다.

보건 선생님

"오늘은 심폐 소생술을 배워 보는 날이에요."

보건 선생님이 아이들을 훑어보며 말했다. 그러자 아이들은 심폐 소생술에 대해 아는 척을 하느라 소란이었다. 보건 선생님이 질문을 던졌다.

"얘들아, 심폐 소생술이 뭔지 아니?"

"쓰러진 사람 살리는 거요."

선호가 크게 외쳤다.

"맞아요, 심폐 소생술은 심장이 멈추어서 의식이 없는

사람을 발견했을 때 구조를 요청하고 가슴 압박과 인공호흡을 시행하는 방법이야."

그러더니 보건 선생님은 상체만 있는 커다란 사람 인형을 꺼냈다.

"자, 이 인형의 이름이 뭘까?"

그러자 선호가 자리에서 벌떡 일어나며 또다시 외쳤다.

"마네킹, 아니다, 벌거숭이요!"

"이 인형의 이름은 애니야."

"애니? 애니메이션이요?"

선호가 장난을 쳤다.

"아니! 애니는 아주아주 멋진 인형이지."

"아, 심폐 소생술을 배운다고 했는데 애니를 데리고 온 걸 보면 119에 신고해 주는 아주아주 멋진 말하는 인형인가요?"

보건 선생님의 말에 이번에도 선호가 나섰다.

아이들의 웃음이 터졌다. 보건 선생님도 참지 못하고 웃음을 지었다.

"선호야, 너 정말 상상력이 대단한데?"

로운이는 어처구니가 없었다. 저런 건 상상력이 대단한 게 아니라 헛소리를 잘하는 거 아닌가. 자기 같으면 화가 날 것 같은데 보건 선생님은 인자하게 미소 지으며 말을 이었다.

"얘들아, 애니는 말하는 인형이 아니야. 우리가 심폐 소생술을 배울 수 있게 도와주는 인형이지."

보건 선생님은 애니를 바닥에 눕혔다.

"먼저 선생님이 시범을 보여 줄게."

보건 선생님은 애니 옆에 앉아서 차근차근 설명했다.

"쓰러져 있는 사람을 보면 우선 의식이 있는지 확인해야 해. 어깨를 흔들어 본다든가, 말을 걸어 보는 거야. 그리고 주변에 있는 사람에게 구조를 요청해. '안경 낀 아저씨, 빨간 옷 입은 아주머니, 119를 불러 주세요!' 하고 구체적인 대상을 정해서 말이야."

아이들은 숨죽여 보건 선생님의 설명을 들었다.

"그런 다음에는 숨을 쉬는지 확인하는 거야. 쓰러진 사람의 얼굴과 가슴을 관찰해 호흡이 없거나 이상하면 즉시 심폐 소생술을 시작해야 해."

보건 선생님은 애니를 향해 손깍지를 끼고 심폐 소생술 하는 자세를 취했다.

"무릎을 꿇고 양팔은 쭉 편 다음, 체중을 실어 쓰러진 사람의 가슴 중앙을 강하고 빠르게 압박하는 거야. 분당 100회 이상을 누른다는 생각으로. 하나, 둘, 셋……."

심폐 소생술을 끝낸 보건 선생님은 밝은 표정으로 아이들을 바라보았다.

"이렇게 심폐 소생술을 30회 정도 하는 거야. 좀 빠른 박자로 애국가를 후렴 전까지 부르면서 하면 속도와 횟수가 딱 맞아. 그리고 환자의 머리를 뒤로 기울이고 턱을 들어 올려 숨 쉬는 길, 즉 기도를 열어야 해. 그 상태에서 환자의 코를 막고 입을 밀착해 1초 동안 숨을 불어 넣어 인공호흡을 2회 하는 거야. 심장이 멎었을 때, 4분 안에 심폐 소생술을 받으면 뇌 손상이 일어나지 않는다고 해. 그래서 그 4분을 생명을 구할 수 있는 시간이라는 의미로 골든 타임이라고 부른단다. 자, 위급한 상황에 대비하기 위해서 함께 배워 보자."

보건 선생님의 모습을 지켜보던 아이들은 실습을 해 보

겠다고 나섰다. 하지만 로운이는 자리에서 일어나지도 않고 귀만 긁적이며 시큰둥하게 앉아 있었다. 머릿속에는 온통 게임 생각뿐이었다. 죽어도 다시 입장하면 다시 살아나는 게임이 역시 최고라는 생각이 들었다.

그때였다.

"거기! 멍 때리는 이로운!"

보건 선생님이 로운이를 불렀다. 로운이는 아이들이 자신을 쳐다보는 것도 몰랐다. 선호가 로운이의 옆구리를 쿡 찔렀다.

"아, 뭐야?"

로운이가 버럭 화를 냈다. 그렇잖아도 조용했기 때문에 로운이의 목소리는 더욱 크게 들렸다.

"이로운, 선생님이 불렀는데 뭐 하니?"

"아, 왜요?"

"왜요가 아니라 '네, 선생님.'이라고 하면 더 멋질 것 같은데?"

보건 선생님은 로운이에게 친절하게 대답했다.

"로운이가 한번 해 볼래?"

로운이는 우물쭈물하다가 입을 열었다.

"네, 쌤."

"덕분에 쌤이라는 외국 사람이 된 것 같네?"

아이들이 키득키득 웃었다.

로운이는 뭐가 웃긴지 이해할 수가 없었다. 가끔은 이 교실에서 자기만 이방인인 것 같다는 생각이 들곤 했다. 바로 이럴 때마다. 선생님의 유머에 아이들은 배를 잡고 웃었지만 로운이는 하나도 웃기지 않았다. 그런데 아이들은 선생님의 시답잖은 유머나 낙엽이 굴러가는 것 따위에도 웃을 준비를 하고 있는 것 같았다. 그래서 더 어울리고 싶지도, 어울려지지도 않는 것이라 생각했다.

"로운아, 너 이름이 이로운이잖아. 우린 지금 아주 이로운 걸 배우는데. 안 그래?"

선호가 로운이 뒤에서 큰 소리로 말했다.

"뭐야?"

로운이는 이름을 가지고 놀리는 것도 딱 질색이었다. 로운이는 벌떡 일어나서 선호의 팔을 힘주어 잡았다.

"아, 이거 놔! 놓으라고!"

선호가 팔을 빼려고 해도 로운이 손에 붙잡혀 옴짝달싹하지 못했다.

"안 놓으면 어제 본 거 다 이야기할 거야!"

"이 자식이!"

로운이는 점점 더 세게 잡았다.

"놔! 놔! 안 놓으면 진짜 이야기한다! 어제 편의점에서……."

로운이는 역시 선호 녀석이 다 본 게 틀림없다고 확신했다. 어제 편의점에서 본 할머니 할아버지의 모습을 말할지도 모른다. 아니, 못 본 척하던 자신의 모습을 말할지도 모른다. 로운이는 더 세게 힘을 주었다.

"얘들아, 그만! 그만!"

보건 선생님이 날카로운 눈빛으로 로운이와 선호를 제압했다. 그제야 흥분을 가라앉힌 로운이는 자리에 털썩 주저앉았다.

"두 사람은 수업 끝나고 보건실로 따라와!"

보건 선생님이 소리쳤다.

학교 대표

수업이 끝나고 집에 가려는 로운이를 선호가 막아섰다.
"보건 선생님이 오랬잖아!"
"됐거든!"
"그래도 가야지!"
로운이가 그냥 가려고 하자 선호가 로운이의 가방을 붙잡았다.
"아, 진짜!"
로운이는 있는 힘껏 선호의 팔을 밀어냈다. 그 바람에

선호가 넘어질 뻔했다.

"됐어. 가더라도 내가 알아서 가!"

로운이는 뚜벅뚜벅 복도를 걸어갔다.

로운이가 보건실로 들어가자마자 선호도 뒤따라 들어왔다. 보건 선생님이 로운이와 선호를 반기며 가까이 오라고 손짓했다.

"이로운, 넌 힘도 세고 행동이 재빠른 것 같더라?"

로운이는 보건 선생님이 또 무슨 말로 자기를 비꼬나 싶어서 똑바로 쳐다보지도 않았다.

"김선호, 너는 상상력도 뛰어나고 목소리도 또랑또랑하고 발음도 좋아."

선호는 숙였던 고개를 들며 눈빛을 반짝였다.

"선생님, 혼낼 거면 그냥 혼내세요."

로운이가 툴툴대며 말했다.

"으이그, 알았다. 너희들에게 뭔가를 주려고."

"맛있는 거요?"

선호가 보건 선생님을 보며 배시시 웃었다. 보건 선생님도 선호의 웃음에 무장 해제된 듯 웃었다.

"아까 수업 시간에 심폐 소생술 배웠지? 곧 대회가 있거든. 전국 초등학교 심폐 소생술 경연 대회. 너희 둘이 그 대회에 나가 보자."

"네? 제가요?"

"저희 둘이요?"

로운이와 선호는 동시에 얼굴을 있는 대로 찌푸렸다. 그러고는 보건 선생님에게 손사래를 쳤다.

"아, 싫어요. 쟤랑 왜요?"

로운이가 고개를 절레절레 흔들며 말했다.

"야, 누가 할 소리! 나도 싫거든!"

"내가 먼저 말했거든!"

그때였다. 보건 선생님이 로운이와 선호의 어깨를 붙잡았다.

"조용! 너희 둘이 같이 우리 학교 대표로 나가는 거야."

"아, 그러니까요! 왜 하필 얘랑 같이냐고요."

"아까 말했잖아. 로운이는 힘이 세고 행동이 재빠르고, 선호는 목소리도 또랑또랑하고 상상력이 뛰어난 것 같다고. 그러니까 너희 둘은 환상의 콤비가 될 수 있어."

로운이는 한숨이 나왔다. 이제까지 학교 대표로 어딘가에 나갈 수 있을 거라고 생각해 본 적이 없었다. 그런데 갑자기 대표라니, 심폐 소생술 대회라니, 도대체 왜 자기더러 나가라고 하는지. 하필 선호 같은 녀석과 함께.

"아, 싫어요. 저 안 해요."

로운이는 대답하자마자 보건실에서 나와 버렸다.

'대표? 내가 무슨 학교 대표?'

로운이는 속으로 혼잣말을 하며 교문을 향해 걸어갔다.

조금 이따 뒤에서 선호가 부르는 소리가 쩌렁쩌렁 울렸다. 로운이는 선호의 목소리가 크다던 보건 선생님의 이야기가 단박에 이해되었다.

"야! 이로운!"

선호가 불렀지만 로운이는 멈추지 않고 마구 걸어갔다.

"야, 이로운! 이로운!"

숨이 턱까지 찬 선호가 거친 숨을 몰아쉬며 로운이 앞에 멈춰 섰다.

"하자! 제발 하자!"

"뭐래?"

"나랑 같이 하자. 너도 뭐 뽑혀 본 적 없잖아. 학교 대표 래. 1등이라도 하면 큰 무대에서 상도 받을걸?"

"너랑은 싫거든?"

"왜? 내가 어제 일 말할까 봐?"

"그 얘기 좀 그만할래?"

"안 해. 안 할 거야. 나도 그 정도 예의는 있어."

"그런데?"

"나도 잘하는 게 있고 싶거든? 학교 대표, 전국 1등 해 보고 싶단 말이야."

선호의 말에 로운이는 어이가 없어서 코웃음을 쳤다.

"그럼 너 혼자 실컷 해!"

로운이는 다시 발걸음을 옮겼다. 선호는 계속해서 로운이의 뒤를 졸졸 따라왔다.

"아, 왜 따라와!"

"편의점에서 1 플러스 1 초코바 사 먹자! 너 하나 줄게!"

로운이는 기가 막혔다.

아무래도 편의점 아저씨가 할머니 할아버지에게 '불쌍' 하다고 한 말을 들어서 저러는 것 같았다. 치사하게 먹을

걸로 사람을 꼬드기려 들다니. 배가 고프긴 해도 절대 넘어가고 싶지 않았다.

"야! 말 안 한다니까! 맹세할게, 편의점에서 본 거 절대 말 안 할게!"

"치사한 자식!"

로운이는 선호를 뒤로하고 빠른 걸음으로 걸어갔다.

"아휴, 다리야."

로운이가 집에 들어서자마자 할머니의 목소리가 들렸다. 할머니가 가장 많이 하는 말은 아프단 소리였다. 하루는 다리, 하루는 어깨, 하루는 머리……. 할머니의 한숨 섞인 아프다는 말은 로운이의 힘을 빠지게 했다.

로운이는 피하고 싶었다. 할머니의 푸석거리는 피부마냥 갈라질 듯한 집 안의 공기. 아무것도 기대하지 않게 된 건조한 일상의 냄새.

로운이는 이 집에는 희망이 없다고, 그건 할머니와 할아버지 얼굴을 채운 주름만큼이나 확실하다고 생각했다. 그래서 그냥 이것도 저것도 다 싫고, 그냥 살아 있으니 하루하루 살아간다는 무료한 마음이 들었다.

"로운이 왔어?"

할머니가 웃으며 로운이의 가방을 받아 주었다.

할머니는 유일하게 로운이를 볼 때만 웃었다. 로운이가 밥을 잘 먹었을 때나 로운이가 잠을 잘 때 할머니는 로운이의 볼을 어루만지곤 했다. 할머니의 거친 손이 느껴지면 로운이는 실눈을 뜨고 할머니를 바라보았다. 이상하리만치 그 순간만은 주름이 더 많아져도 할머니의 활짝 웃는 모습이 좋았다. 마음이 편안해졌다.

"로운아, 학교 잘 다녀왔어? 어째 좀 늦었네?"

할머니가 로운이를 안아 주었다. 할머니의 거친 손이 등을 쓸어 주자 갑자기 평온한 마음이 들었다. 그래서 로운이도 모르게 말이 툭 튀어나왔다.

"아, 집에 가려는데 선생님이 붙잡더니 나보고 대회 나가래요."

"대회? 무슨 대회?"

"심폐 소생술, 뭐 그런 거래요. 사람이 쓰러졌을 때 심폐 소생술로 살리는데 그런 대회가 있나 봐요. 나보고 학

교 대표로 나가라고."

"선생님이 우리 로운이를 학교 대표로 뽑았다는 거야?"

할머니 눈이 알사탕만큼 커졌다. 로운이는 할머니 눈이 그토록 동그랗고 크게 떠지는 것이 신기했다.

"그런데 나갈지 말지 아직 몰라요."

로운이는 말을 얼버무렸다.

"아이고, 세상에! 영감, 일어나 봐. 우리 로운이가 대표래, 학교 대표!"

할머니는 자고 있던 할아버지를 깨웠다. 할머니에게 이야기를 들은 할아버지는 껄껄 웃으며 말했다.

"우리 로운이, 기특하구먼!"

"아, 별거 아니에요. 그리고 아직 확실히 정해진 것도 아닌데……."

할머니 할아버지는 세상에서 가장 좋은 일이라도 생긴 듯이 함박웃음을 지었다.

로운이는 늘 이 집에는 희망이 없다고 생각했다. 그런데 지금 이 순간, 할머니와 할아버지의 희망이 혹시 자신이 아닐까 하는 생각이 들었다. 그러면서 후회가 함께 밀려왔다.

'선호가 하자고 할 때 못 이기는 척 했어야 하나? 내가 할 수 있을까? 나에게 그런 힘이 있을까? 그래도 보건 선생님이 나를 대표로 뽑았다면 나에게서 어떤 희망을 발견한 거 아닐까?'

로운이는 숨을 들이마시고 내쉴 때마다 두려운 마음과 흥분된 마음이 속절없이 오갔다.

어쩌다 보니

 다음 날, 로운이는 괜히 보건실 앞에서 서성였다. 단칼에 하지 않겠다고 해서 다시 하겠다고 말하기가 민망했다. 다시 한번 보건 선생님이 제안하면 못 이기는 척 하겠다고 할 요량이었다. 만약 자신이 제대로 못하면 그땐 선생님이 잘못 보신 거라고 핑계를 대고 그만두면 될 것 같았다. 어차피 자기는 뭔가를 잘하는 아이가 아니라고 말이다.
 그때 저만치에서 복도를 걸어오는 보건 선생님의 모습

이 보였다. 로운이는 괜스레 배를 어루만졌다.

"어, 로운아!"

'선생님, 하겠냐고 다시 물어봐 주세요.'

로운이는 텔레파시라도 보내듯 보건 선생님을 바라보며 생각했다. 하지만 보건 선생님은 로운이 마음을 읽지 못했는지 보건실 문을 활짝 열며 물었다.

"왜? 배 아프니?"

"그게……."

로운이는 조금 실망스러웠다. 설마 그사이에 다른 아이를 대표로 뽑은 건가 하는 생각도 들었다. 보건 선생님이 한 번만 더 물어봐 주길 기대하며 보건실에 찾아온 자신이 우스꽝스럽게 느껴졌다. 속마음을 감추고 배 아픈 척한 것이 다행이었다.

"혹시, 선생님한테 할 말 있어?"

"없어요! 제가 뭘요!"

로운이는 뒷걸음질을 쳤다.

"배 아파서 온 거 아냐?"

"이제 괜찮아요."

그러자 보건 선생님이 웃으며 이야기했다.

"아휴, 난 또 로운이 마음이 바뀌어서 심폐 소생술 대회 나간다고 하려고 온 줄 알았네."

로운이는 우뚝 걸음을 멈추었다. 로운이의 눈빛이 반짝 빛났다.

"근데요, 왜 저예요?"

보건 선생님은 잠시 로운이의 눈빛을 읽어 내렸다.

"내 눈엔 보이거든. 네가 잘 해낼 것 같은 모습이."

"선생님 시력이 그렇게 좋아요?"

보건 선생님은 로운이의 엉뚱한 대답에 웃음이 났다.

"그래! 훤히 보인다! 네 속도 다 보이는걸?"

"선생님이 그렇게까지 원하면 한번 해 볼게요."

"안 돼."

"네?"

로운이는 보건 선생님이 자기를 놀리나 싶었다. 방금 전까지는 잘 해낼 것 같다고 하더니 무슨 말일까. 보건 선생님은 미소 띤 얼굴로 로운이를 바라보며 말했다.

"로운아, 선생님이 원하는 거 말고 네가 원하는 거. 네

가 원해서 하면 좋겠어."

로운이는 입을 삐죽거렸다. 하지만 보건 선생님의 말이 로운이의 가슴에 콕 박혀 버렸다. 여태까지 로운이가 원하는 건 게임 말고는 없었다. 그런데 처음으로 게임이 아닌 다른 뭔가를 해 보고 싶어졌다.

보건 선생님은 로운이에게 수업이 끝난 후 보건실로 오라고 했다. 로운이가 보건실로 터덜터덜 가는데 누가 로운이를 불렀다. 뒤돌아보니 선호였다.

"오, 이로운! 하기로 한 거냐? 이제 이로운 일을 해 보려고?"

"너도냐?"

"당연하지. 학교 대표는 당연히 나지!"

"난 너랑 하는 건 싫거든."

"아하, 그렇구나! 나랑 하기는 싫지만 그냥 이로운 일을 해 보려고 하는 거구나!"

"그만해라."

로운이는 선호와 말도 섞기 싫어서 점점 빨리 걸었다.

그러고는 황급히 보건실로 들어가 버렸다. 보건 선생님이 로운이를 맞으며 물었다.

"선호는?"

로운이 뒤로 문이 벌컥 열리면서 선호가 큰 소리로 인사했다.

"안녕하십니까, 선생님!"

선호는 90도로 몸을 숙였다.

"너희들 좀 친해졌니?"

보건 선생님의 물음에 선호가 피식 웃었다.

"그럼요, 저는 이미 이로운을 학교가 아닌 곳에서도 본다고요!"

그 소리에 로운이의 표정이 굳었다. 로운이는 선호가 조금이라도 불리해지면 편의점 일을 꺼낼 것만 같았다. 한시도 긴장을 늦출 수 없는 건 심폐 소생술 대회가 아니라 저 야비한 녀석의 존재였다.

보건 선생님은 캐비닛에 있던 애니 인형을 꺼냈다.

"얘들아, 이 인형 봤지? 이름이 뭐랬지?"

로운이가 조그마한 목소리로 '애니'라고 대답했다.

"맞아, 애니라고 해."

"애니? 조금 큰 인형은 어른이니인가요?"

선호가 말하며 킬킬거렸다.

"아, 유치해."

로운이가 한심한 듯 말했다.

"왜? 조금 웃겼잖아? 안 그래?"

선호가 다시 받아쳤을 때였다.

"장난 그만! 애니가 얼마나 대단한 인형인데! 기적을 일으키는 인형이라고."

"아, 기저귀요?"

보건 선생님의 말에 선호가 또다시 대꾸하며 킬킬댔다.

"아, 진짜 유치해."

로운이는 미간을 살짝 찌푸렸다. 보건 선생님도 로운이의 말에 동의한다는 듯 고개를 끄덕였다. 그러고는 로운이와 선호를 바라보며 말했다.

"너희들, 심폐 소생술을 어떻게 하는지 기억해?"

로운이와 선호는 고개를 절레절레 흔들었다. 보건 선생님은 다시 차근차근 방법을 알려 주었다.

> 1. 환자의 양쪽 어깨를 두드려서 의식과 반응 확인하기
> 2. 주변에 119 신고 및 자동 심장 충격기(자동제세동기, AED) 요청하기
> 3. 환자의 얼굴과 가슴을 10초 이내로 관찰해 호흡 확인하기
> 4. 호흡이나 맥박이 없으면 즉시 심폐 소생술 준비하기
> 5. 환자의 가슴 중앙을 찾아 두 손을 겹쳐 깍지 껴서 손바닥 뒤꿈치로 30회 압박하기(분당 100-120회 속도, 약 5cm 깊이)
> 6. 인공호흡 2회 실시하기
> 7. 구급대가 올 때까지 심폐 소생술 30회와 인공호흡 2회 반복하기

보건 선생님은 한 동작 한 동작을 설명하고는 한 명씩 순서대로 해 보라고 했다. 로운이가 쭈뼛거리자 선호가 먼저 나섰다. 선호는 무릎을 꿇고 앉자마자 애니에게 심폐 소생술을 했다.

"하나, 둘, 셋, 넷!"

그러자 로운이가 선호를 밀쳤다.

"야, 의식 확인도 안 하고 뭐 하냐?"

"뭔데! 내가 하고 있는데 왜 밀치는데?"

선호도 로운이를 막아섰다.

"그러는 넌! 입으로만 나불대지."

보건 선생님은 선호와 로운이를 바라보다가 한숨을 쉬었다.

"얘들아, 지금 심정지 상태의 환자가 있는데 그렇게 싸울 시간이 어디 있어?"

"아, 선생님! 그게 아니라……."

"이로운이 저를……."

로운이와 선호가 동시에 변명했다.

"심폐 소생술 대회는 서로 힘을 합해야 하는데 이래서 할 수 있겠어?"

보건 선생님의 딱딱해진 목소리에 로운이와 선호는 머리를 긁적였다.

진짜 안 맞아

　로운이와 선호는 매일 방과 후에 심폐 소생술을 연습했다. 심폐 소생술에 어느 정도 익숙해지자 보건 선생님은 새로운 과제를 내 주었다.
　"심폐 소생술 경연 대회에 나가려면 상황을 만들어야 해. 예를 들면 갑자기 누가 길에서 쓰러진 상황이라든가, 산에서 조난을 당한 상황 같은 것들. 그 상황 속에서 자연스럽게 심폐 소생술을 보여 주어야 하지. 마치 연극처럼 말이야."

보건 선생님이 선호를 바라보며 말을 이었다.

"선호야, 너 상상력이 아주 좋던데. 어떤 상황이면 와닿을 것 같아?"

"음, 그런 상황을 어디서 찾아요?"

"실제로 우리 주변에서 일어날 수 있는 상황을 한번 생각해 봐."

"아하!"

선호는 눈을 꼭 감았다. 그러더니 잠시 뒤, 엄지와 검지 손가락을 튕기며 눈을 떴다.

"음, 이런 거 어때요? 이로운이 시험에서 빵점을 맞는 거죠. 그래서 이로운네 아빠가 갑자기 목뒤를 잡고 쓰러지는 거예요."

"야, 뭐라고?"

로운이가 버럭 화를 냈다.

"아, 아니다. 시험 빵점은 늘 있는 일이지? 이로운이 누구를 때려서 이로운네 아빠가 학교에 불려 오는 거죠. 그러다 혈압이 올라서 쓰러지는 거예요."

"야! 너 뭐라고 했어!"

로운이는 너무 화가 나서 얼굴이 새빨개졌다.

"너희들 하는 행동 보니까 4분의 기적을 이루는 게 아니라 4분 동안 망신만 당할 것 같다. 선호는 당장 로운이에게 사과해."

하지만 선호는 입안에서만 사과가 맴돌 뿐 뱉어 내지 못했다. 사과하지 않는 선호를 보니 로운이는 눈물이 차올랐다. 결국 로운이는 인사도 하지 않고 자리를 박차고 나가 버렸다.

"선호야, 네가 너무 심했어. 로운이에게 꼭 사과해. 그리고 제발 부탁이니까 일단 친해져서 와!"

보건 선생님의 말에 선호는 입을 삐죽 내밀었다. 저 녀석과는 친해질 리가 없다고, 그런 일은 일어나지 않을 기적 같은 일이라는 생각만 들었다.

선호는 시무룩해져 학교를 나왔다.

'내가 너무 심했나?'

선호는 가끔씩 말을 하고 후회할 때가 있었다. 지금도 그랬다. 후회되긴 했지만 사과를 건네는 건 쉽지 않았다. 하지만 한편으로는 자기도 없는 시간을 쪼개서 연습에 참

여하고 있는데 농담으로 넘기고 지나갈 수도 있는 일이 아닌가 싶었다. 괜히 로운이가 화를 내는 바람에 연습도 제대로 하지 못했으니 말이다. 심폐 소생술 연습 때문에 학원에 갈 시간이 얼마 남지 않았다.

'아, 배고파.'

선호는 매일 들르는 학교 앞 편의점으로 들어갔다. 편의점 아저씨가 선호를 보더니 또 왔냐는 듯 반갑게 인사했다.

선호가 간식으로 뭘 먹을까 고민하며 매장 안을 둘러보고 있는데 전화가 왔다. 엄마였다. 엄마는 학원 숙제는 했냐, 레벨 테스트 공부는 했냐 같은 것들을 묻고 전화를 끊었다.

"배고프냐는 말은 또 안 물어보네."

선호는 입이 툭 튀어나온 채 삼각김밥과 음료수를 손에 쥐었다.

"오늘은 학교가 좀 늦게 끝났니?"

편의점 아저씨가 계산을 하며 선호에게 물었다.

"아, 그게요. 제가 무슨 대회에 참가하게 되어서 그거 연습하다가…….”

선호는 주절주절 말을 하다가 끝을 흐렸다. 로운이와 티격태격했던 일이 떠올랐기 때문이었다.

삼각김밥을 전자레인지에 돌리고 있을 때였다. 편의점 앞쪽으로 리어카와 함께 낯익은 뒤통수가 눈에 들어왔다.

"어? 오늘은 할머니 할아버지를 돕네?"

편의점 아저씨가 말했다. 선호가 자세히 보니 덩치도 비슷하고 오늘 입었던 옷도 똑같았다. 분명히 로운이였다. 선호는 삼각김밥도 내팽개치고 편의점 밖으로 달려 나갔다.

"로운아! 이로운!"

그러자 리어카 옆에서 걷던 할머니가 걸음을 멈추었다.

"어? 로운아! 너 부른다, 네 친군가 보다."

할머니의 말에 로운이도 걸음을 멈추어 뒤를 돌아보았다. 하지만 선호와 눈이 마주치자 이내 화난 표정으로 씩씩댔다.

"그래! 뭐! 내가 우리 할머니 할아버지 돕는데 왜! 이것도 소문내려고?"

로운이가 얼굴까지 새빨개져서 소리를 질렀다.

"아유, 우리 로운이 왜 그렇게 화내? 친구한테 그러면 못써."

"친구 아냐! 빨리 가요."

로운이는 서둘러 리어카를 밀었다.

"아, 저기. 로운아, 미안해! 진짜 그러려고 한 말은 아니었는데……."

선호는 멀어져 가는 로운이를 바라보며 말했다. 하지만 로운이에게 닿지 못한 메아리였다.

선호는 서둘러 수학 학원으로 향했다. 교실에 들어가 앉은 지 몇 분도 안 되어 시험지를 받았다. 또 시험이었다. 시험지의 숫자가 꿈틀대는 것 같았다. 시험을 보는 내내 선호의 머릿속이 복잡했다.

선호가 편의점에서 봤던, 이제는 협박이 된 로운이의 모습은 동전이 와르르 떨어져 줍는 것이었다. 그 모습이 웃겨 얘기하려 했던 것인데 로운이는 다른 걸로 오해하는 것 같았다.

'혹시 이로운은 엄마 아빠 대신, 할머니 할아버지랑 사는 걸까? 할아버지랑 사는 걸까? 그러면 내가 한 말이 얼마나 큰 상처였을까?'

선호는 마음이 무거웠다. 이제껏 자기가 했던 말들을 되짚어 보니 반성이 되었다. 로운이 생각에 시험 문제가 잘 풀리지 않았다. 어느새 시험 시간이 끝나 있었다.

"아휴."

선호는 한숨이 나왔다. 시험을 제대로 보지 못했다. 왜 이렇게 감정에 휩쓸리고 생각이 많은 건지, 자신이 패배자 같다는 생각도 들었다.

선호는 시험이 끝나자마자 로운이에게 메시지를 보냈다.

> 편의점 앞에서 만날 수 있어?

학원에서 나오면서 휴대 전화를 보았더니 로운이에게 메시지가 와 있었다.

> 나 집이야.
> 못 나가.

> 그러면 내가 갈게.
> 집이 어딘데?

　선호는 곧바로 로운이네 집 앞으로 갔다. 로운이가 창문으로 선호를 내려다보았다.
　"야! 김선호!"
　"잠깐 얘기 좀 하자."
　선호의 말에 로운이는 한숨을 훅 내쉬며 집을 나섰다. 선호가 전봇대 옆에서 기다리고 있었다.
　로운이가 다가오자 선호가 고개를 숙였다.
　"아까는 미안했어. 내가 생각이 짧았어."
　선호가 사과를 했지만 로운이의 마음은 풀리지 않았다.
　"왜? 아까 전에 내 모습 보니까 이제야 사과가 나오냐? 내가 불쌍해서?"
　"아니, 그게 아니라……."
　선호는 아니라고 말하면서도, 솔직히 로운이 말이 맞는 것도 같았다. '불쌍'하다는 생각을 한 건 아니지만 할머니 할아버지를 돕는 모습이 조금은 낯설고 당황스러웠다.

"김선호, 넌 왜 심폐 소생술 경연 대회에 나간다고 한 거냐?"

로운이가 물었다.

하지만 선호는 선뜻 대답 할 수 없었다. 자기도 이유를 몰랐다. 그냥 대회라니까, 대표라니까 폼이 나 보여서 나가고 싶었던 것 같았다.

"너 나랑 나가기 싫어서 자꾸 싸움 거는 거야?"

로운이가 언성을 높였다.

"아, 그건 절대 절대 아니야."

선호가 대답하자 로운이는 이를 질끈 물고 말했다.

"미안한데, 네가 싫더라도 난 꼭 나가야겠어. 처음엔 할머니 할아버지가 좋아해서 하려고 했어. 그런데 생각해 보니까 할머니 할아버지가 쓰러지면 내가 구할 수도 있겠더라. 그래서 나는 제대로 하고 싶어졌어. 그런데 넌 아닌 것 같아. 넌 내 상황을 놀려만 댔어. 이런 내 마음 따위 알고 싶지도 않겠지만."

선호는 심장이 쿵 내려앉았다. 자기 잘못이 맞았다.

선호는 힘겹게 입을 뗐다.

"……미안해. 솔직히 말해서 나는 잘하는 게 별로 없거든. 원래 하고 싶은 건 아니었지만 대표가 된 것이 좋아서 하고 싶었어. 내가 너무 가볍게 이야기한 거 정말 미안해. 네가 그 정도로 대회에 진심이라면 내가 아니라 다른 애랑 나가도 좋아. 내가 불편하다면."

선호는 천천히 자기 마음을 전했다. 말을 하다 보니 머릿속도 마음도 정리가 되는 것 같았다.

"너보고 그만두라는 소리 아니었거든? 내일부터는 같이 잘해 보자는 뜻이야."

로운이가 선호를 똑바로 바라보며 말했다. 그 순간이었다. 꼬르르륵 꼬르륵.

로운이가 선호의 배를 보며 고개를 갸웃거렸다.

"아, 내가 저녁을 안 먹어서. 하하!"

"야, 지금이 몇 신데 밥을 아직도 안 먹었냐?"

로운이는 선호의 등을 밀었다. 그리고 쭈뼛쭈뼛 집으로 데려갔다.

곧 선호 앞에 로운이 할머니가 차린 밥상이 놓였다. 선호는 허겁지겁 따뜻한 밥을 입에 한가득 집어넣었다.

"잘 먹네."

로운이가 어처구니없다는 듯 말했다.

"아니, 여태 밥을 안 먹고 돌아다닌 거야?"

할머니가 선호를 보며 물었다.

"할머니, 얘가 수학을 엄청 잘해. 수학 학원에서 늦게까지 공부하고 와서 그래."

"아무리 그래도 밥은 먹고 다녀야지."

그 말을 듣자 선호가 활짝 웃었다.

"그러게 말이에요. 저는 밥 먹었냐는 말이 가장 듣고 싶은데, 히히!"

"야, 밥풀 다 튀어나온다. 그만 말하고 먹기나 해."

로운이의 말에 선호가 야무지게 오물거렸다.

밥을 거의 다 먹었을 때, 선호의 휴대 전화가 울렸다.

"아, 나 가야겠다."

"응?"

"엄마한테 전화 왔어. 나 갈게. 할머니, 안녕히 계세요! 로운이 친구 선호 물러갑니다!"

"그려, 다음에 또 오거라."

선호가 고개를 푹 숙이고 인사하자 할머니는 이를 다 드러내며 밝게 웃었다.

"얼른 가라. 조심해서. 너 상황 잘 짜 가지고 와!"

로운이는 선호를 배웅하면서 말했다.

"그건 내가 자신 있지."

선호는 계속해서 울리는 전화를 받지 않은 채 로운이를 바라보았다. 자기도 모르게 히죽히죽 웃음이 나왔다.

늘 관심받고 싶어 눈치 없이 나오던 장난기가 쏙 빠져나간 기분. 그래서 조금은 가벼운 마음. 딱 그런 마음이었다.

연습

신나게 길을 걷고 있는 로운과 선호.

저 앞에 작은 텃밭이 있다.

선호 어휴, 너무 덥다.

로운 맞아, 이번 여름은 더 더운 것 같아.

선호 그렇지? 정말 더워서 열사병에 걸릴 것 같아.

로운 그러니까 말이야.

선호 어, 저기 봐! 포도나무에 포도가 주렁주렁 매달린 거 보여?

로운 우아, 진짜네? 맛있겠다.

그때 로운과 선호가 쓰러진 할머니를 목격한다.
로운 어, 밭일하던 할머니가 쓰러지셨어!
선호 빨리 가 보자!

로운과 선호가 다급하게 뛰어간다.
선호 빨간 옷 입은 아주머니, 119에 신고 좀 해 주세요! 파란 옷 입은 아저씨, 자동 심장 충격기 좀 가져다주세요!

그사이, 로운과 선호가 쓰러진 할머니 옆에 무릎을 꿇고 앉아 심폐 소생술과 인공호흡을 시작한다.

선호가 적은 글을 읽어 내려가는 보건 선생님의 표정에는 변화가 없었다.
"어, 어때요?"
선호가 떨리는 마음으로 두 손까지 모은 채 보건 선생님을 바라보았다.
"음, 장난으로 짠 것 같지는 않네!"
"만세!"

선호가 로운이와 손바닥을 마주쳤다.

보건 선생님도 만족스러운 표정을 지었다.

"어제만 해도 너희가 응급 상황 같았거든? 그런데 제법 상황을 잘 짰네. 이대로 연습해 보자."

보건 선생님의 말에 선호와 로운이가 활짝 웃었다.

곧바로 대본의 상황대로 연기를 시작했다.

"어휴, 너무 덥다."

선호의 첫 대사에 로운이도 다음 대사를 읊었다.

"맞아, 이번 여름은 더 더운 것 같아."

"그렇지? 진짜 더워서 열사병에 걸릴 것 같아."

"그러니까 말이야."

선호가 주위를 둘러보다가 말했다.

"어, 저기 봐! 저기 포도나무에 포도가 주렁주렁 매달린 거 보여?"

"우아, 진짜네? 맛있겠다!"

로운이가 바닥에 누워 있는 애니를 가리켰다.

"어, 밭일하던 할머니가 쓰러지셨어!"

로운이와 선호가 애니 쪽으로 다급하게 뛰어와 무릎을

꿇고 앉았다.

"여보세요, 여보세요! 정신 차려 보세요!"

로운이가 애니의 반응을 확인했다. 그사이, 선호가 다급하게 외쳤다.

"빨간 옷 입은 아주머니, 119에 신고 좀 해 주세요! 파란 옷 입은 아저씨, 자동 심장 충격기 좀 가져다주세요!"

로운이는 애니가 숨 쉬는지 가슴과 얼굴을 관찰했다.

"호흡이 없습니다. 가슴 압박 시작합니다. 하나, 둘, 셋, 넷, 다섯!"

로운이는 숫자를 세며 심폐 소생술을 시작했다. 1분당 100~120회 속도, 약 5센티미터 정도의 깊이를 기억하고 있었다.

"침착하게! 침착하게!"

선호가 로운이 곁에서 인공호흡할 준비를 하며 심폐 소생술을 차분히 이끌었다. 로운이의 땀이 애니의 얼굴로 뚝뚝 흘렀다. 다른 생각이 끼어들 틈도 없이 심폐 소생술을 하던 끝에 애니에게 초록불이 들어왔다.

"됐다!"

선호가 소리쳤다.

로운이와 선호는 누가 먼저랄 것도 없이 서로를 얼싸안고 환하게 웃었다.

"잘했어!"

보건 선생님도 활짝 웃었다.

"우리가 생명을 살린 거죠?"

"당연하지!"

보건 선생님이 엄지손가락을 들며 대답했다.

"나 이 대회 나가기로 한 거 잘한 것 같아."

"왜?"

선호가 생글생글 웃으며 말하자 로운이가 물었다.

"의사가 된 것 같기도 하고!"

선호가 킥킥거렸다. 로운이는 헛웃음이 나왔지만 따라 웃었다. 갑자기 선호가 로운이를 바라보며 물었다.

"너 이러다가 대회 당일에 안 나타나는 거 아니지?"

"뭐래? 너나 그러지 마."

"아, 이로운. 너 없으면 진짜 안 돼."

"……팀인데 당연하지."

로운이가 툭 던진 대답이 마음에 들었는지 선호가 로운이의 몸을 몸으로 툭 쳤다. 그러더니 휴대 전화를 꺼내 힐끔 쳐다보았다.

"전화 와?"

"아니야, 아무것도."

선호는 한숨을 훅 내쉬었다. 그러고는 말을 돌렸다.

"로운아, 우리 편의점 갈래?"

"너 학원 안 늦었어? 연습 때문에 늦은 거 아니야?"

"아냐, 내가 한턱 쏠게. 어제 신세도 갚을 겸."

앞서가던 선호가 편의점 문을 벌컥 열어젖혔다. 로운이는 하필이면 왜 이 편의점인가 싶었지만 그래도 집에 가는 편의점 중에서 가장 큰 건 사실이었다.

"왔냐?"

편의점 아저씨가 선호를 보며 아는 척했다.

"안녕하세요!"

선호가 웃으며 인사했다.

"설마 너희 아빠나 할아버지나 친척인 건 아니지?"

로운이가 선호에게 넌지시 물었다.

"나도 그랬으면 좋겠다. 그럼 여기 있는 음식 돈 안 내고 먹지."

선호 말에 로운이가 고개를 끄덕였다.

편의점 아저씨가 사이좋게 이야기하는 선호와 로운이를 번갈아 쳐다보았다.

"……친구냐?"

"네, 같은 반이요."

"같은 반이기만 한 거냐, 친구인 거냐?"

"당연히 친구죠! 그러면 아저씨는 그냥 편의점 사장님인가요, 우리 이웃인가요?"

선호가 당차게 되물었다.

"나, 나도 이웃이자 사장이긴 하네."

편의점 아저씨의 얼굴이 벌겋게 달아올랐다.

"우리도 같은 반이자 친구예요. 게다가 우리 둘이 대회도 같이 나가는데 그럼 친구가 아니고 뭐예요?"

로운이는 대답하는 선호를 가만히 쳐다보았다. 선호가 편의점 아저씨에게 한 대답이 왠지 로운이의 속을 시원하

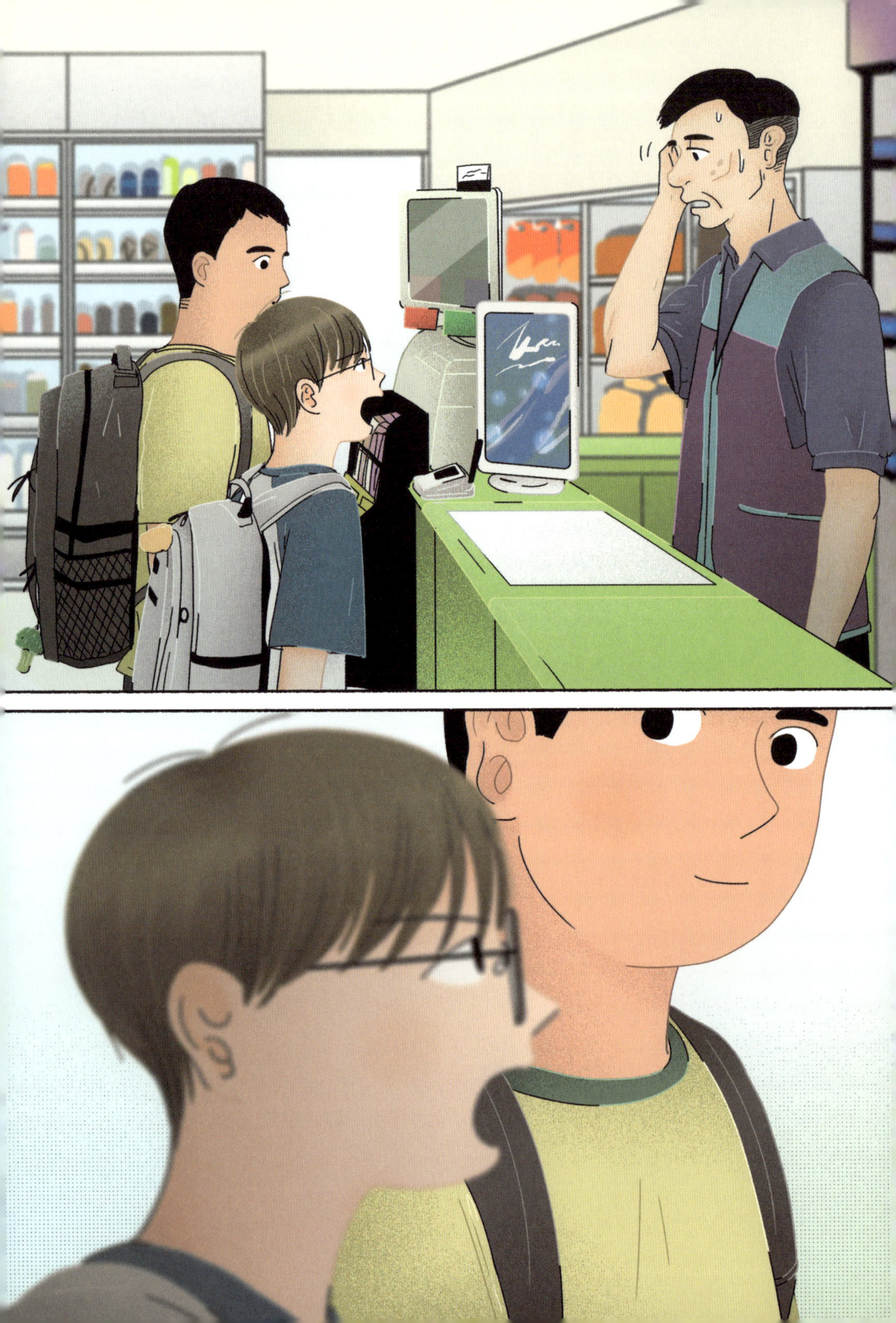

게 했다. 로운이는 몰랐다. 선호를 바라보는 자신의 눈빛이 전보다 훨씬 따스하다는 것을.

"오, 김선호!"

로운이는 감탄하면서 선호를 몸으로 툭 쳤다. 선호도 대답하듯 로운이를 똑같이 툭 쳤다. 하지만 로운이는 꿈쩍도 하지 않았다. 또다시 로운이가 선호를 몸으로 툭 쳤다. 선호가 두어 걸음 물러났다.

그 순간이었다. 편의점 문이 벌컥 열리더니 누군가 로운이와 선호 쪽으로 구둣발 소리를 내면서 걸어왔다.

"김선호!"

"어, 엄마?"

"너 여기서 뭐 하는 거야?"

"아, 그게 아니라……."

"학원에서 전화 왔잖아. 무슨 일 있었던 거야?"

"아니야, 아무것도 아니라고."

선호는 엄마에게 붙들려 편의점 밖으로 나갔다. 로운이는 멀어져 가는 선호와 선호 엄마의 모습을 물끄러미 바라보았다.

위기

집에 돌아온 선호는 아무런 말도 하지 않았다. 엄마와 한마디도 하기 싫었다.

"너 요즘 재랑 부쩍 같이 다닌다며. 혹시 괴롭힘당하고 있는 거라면 엄마한테 말해."

"그런 거 아니야."

"정말이야? 담임 선생님한테 연락해 봐도 되겠어?"

"아, 정말 아니라고!"

"선호야, 엄마가 봤어. 걔가 몸으로 널 밀치는 걸. 솔직히 말해."

"그냥 장난친 거야. 나도 밀었어."

"덩치가 그렇게 차이 나는데 어떻게 장난이야? 걔가 살짝만 밀어도 너는 넘어지겠던데!"

선호는 한숨만 나왔다. 꽤 많이 친해져서 몸을 부딪히며 장난친 건데 엄마에게는 덩치 큰 로운이에게 괴롭힘당하는 것처럼 보였나 보다.

"엄마, 나를 괴롭히면 내가 그냥 가만히 당할 것 같아? 엄마는 나를 그렇게 몰라?"

선호의 말에 엄마는 입을 꾹 닫고 선호를 물끄러미 쳐다보았다. 그러더니 뱉은 말은, 엄마가 정말로 하고 싶었던 말인 것 같았다.

"선호야, 근데 너 요즘 수학 학원에서 시험 점수가 왜 그러니?"

선호는 다시 한숨을 내쉬었다. 엄마의 다음 말에 '의사가 되려면'이라는 말이 나올 테니까.

선호가 꿈이 의사라고 말하면 엄마가 좋아했다. 의사가 되면 평생 존경받고, 돈도 많이 벌면서 살 수 있다고. 그러려면 고등학교 수준의 어려운 수학 과학 문제들을 서둘러 준비해야 한다고도 했다.

선호는 의사가 되려면 왜 어려운 수학 과학 문제를 푸는 것이 중요한지 알 수가 없었다.

"엄마, 생명을 살리는 법을 배우는 것보다 수학 문제가 중요해?"

"물론 생명을 살리는 법도 중요하지. 하지만 그건 지금이 아니어도 배울 수 있어. 너한테는 지금 해야 할 일이 있어. 바로 열심히 공부하는 거야."

선호는 입을 꾹 다물 수밖에 없었다. 이번에도 자기 생각과 마음이 틀린 것만 같았다. 언제나 그렇듯 결론과 정답은 엄마가 가지고 있었다.

다음 날, 학교에서 로운이는 선호의 눈치를 살폈다. 선호는 쉬는 시간마다 아무 말도 하지 않고 자리에 앉아 수학 문제집에 고개를 묻었다.

"괜찮아?"

로운이가 말을 걸었지만 선호는 아무 말도 하지 않고

문제집만 계속 풀었다. 중학생이나 풀 만큼 복잡한 문제들이었다.

"어우, 이게 다 뭐야?"

"……."

"너 정말 수학 천재구나?"

"……천재가 아니라 숙제야."

학교 수업이 끝나고 선호는 심폐 소생술을 연습하는 강당에도 들르지 않았다.

"로운아, 어떡하지? 선호 어머니가 전화를 하셨어. 선호는 못 할 것 같다고."

"선호가 못 하면 어떡해요?"

보건 선생님은 눈을 꼭 감았다가 떴다.

"다른 친구랑 팀을 꾸려서라도……."

로운이는 고개를 세차게 내저었다. 이건 선호와 자신이 짠 상황이고 연습이었다. 선호와 자기는 편의점의 원 플러스 원이었고 '우리'였다. 그걸 다른 사람이 대신할 수는 없는 일이었다.

"선호가 못 하면 저도 안 나갈래요."

보건 선생님은 고개를 끄덕였다.

"선호를 좀 기다려 보자. 선호 생각이 어떤지는 모르니까……."

로운이는 한숨을 내쉬었다. 학교에서는 대답도 하지 않는 선호였다. 아무런 말을 하지 않았지만 그 침묵이 대답을 대신한 것 같았다.

로운이는 누워 있는 애니를 향해 말을 걸었다.

"애니, 넌 기적을 일으키는 인형이라며. 난 선호가 저 문을 열고 들어와서 같이 대회에 나가고 싶어. 네가 기적을 일으켜 봐."

로운이는 혼자서 심폐 소생술 대회를 연습했다.

애니가 숨을 쉬고 있는지 확인하고 고개를 들어 소리쳤다.

"빨간 옷 입은 아주머니, 119 좀 불러 주세요! 파란 옷 입은 아저씨, 자동 심장 충격기 좀 가져다주세요!"

그러고는 지체 없이 심폐 소생술을 시작했다.

"하나, 둘, 셋, 넷, 다섯!"

로운이는 계속 숫자를 세면서 애니에게 숨을 불어 넣었다. 숨이 전해지고, 전해지고, 전해져, 그 따스한 온기가 선호에게도 닿기를. 그래서 그 온기를 타고 이곳에 나타나 주기를.

우리가 찾은 기적

"후유……."

로운이는 일어나자마자 한숨부터 내쉬었다. 마침내 대회 날이 밝아 온 것이다. 하지만 선호는 로운이를 봐도 아는 척도 하지 않았다.

로운이는 대회 날 선호와 만나기로 했던 편의점 앞에서 선호를 기다리기로 했다. 하지만 로운이가 기다린다고 선호가 올지는 알 수 없었다. 선호는 이미 마음이 변해 버린 것만 같았다.

로운이는 편의점 앞까지 뚜벅뚜벅 걸었다. 혹시 선호가 와 있지는 않을까 하고 생각했지만 선호는 보이지 않았다. 선호에게 메시지를 보냈지만 예전에 보냈던 메시지도 읽지 않은 상태였다.

> 선호야 오늘이 대회인 건 알지?

> 우리는 한 팀이잖아.

선호는 이번에도 역시 대답이 없었다. 로운이는 입술을 질끈 깨물었다.

편의점 앞에 멀뚱히 서 있는데 편의점 아저씨가 문을 열고 나왔다. 로운이는 편의점 아저씨가 자기를 보고 한마디 할까 싶어서 옆으로 비켜섰다. 그런데 편의점 아저씨의 표정이 뭔가 심상치 않았다. 다른 날보다 더더욱 인상을 쓰고 있었다.

'아저씨 표정이 왜 저러지?'

로운이는 괜스레 시선을 피했다. 자기를 보고 인상을 쓰는 것처럼 느껴져서였다.

그런데 그 순간이었다. 편의점 아저씨가 가슴을 움켜쥐더니 그대로 쓰러지고 말았다.

"어? 어?"

순간 당황한 로운이의 머릿속에 애니가 떠올랐다. 심폐 소생술을 도와주던 인형, 애니. 하지만 그건 연습이었고 지금 이 순간은 연습도, 대회도 아닌 실제 상황이었다.

"어, 어떡하지?"

로운이는 선호와 함께 연습했던 상황을 떠올렸다.

침착하게. 침착하게.

연습할 때 들려오던 선호의 목소리가 귓가에 울리는 듯했다.

"아저씨, 눈 떠 보세요? 제 말 들리세요?"

로운이는 편의점 아저씨의 어깨를 두드리며 물었다.

로운이는 지나가는 사람들에게 큰 소리로 외쳤다.

"거기 초록색 옷 입은 아주머니, 119에 전화 좀 해 주세요! 검정 모자 쓴 아저씨, 자동 심장 충격기 좀 가져다주세요!"

로운이의 이마에는 이미 땀이 송글송글 맺혀 있었다.

로운이가 막 심폐 소생술을 하려고 할 때였다. 낯익은 목소리가 들려왔다.

"호흡 확인했어?"

"아!"

"침착하게, 침착하게."

선호가 어느 틈에 로운이 맞은편으로 와서 무릎을 꿇고 앉았다. 그사이, 로운이는 편의점 아저씨가 숨을 쉬는지 확인했다. 그러고는 심폐 소생술을 진행했다.

"호흡이 없습니다. 가슴 압박 시작합니다. 하나, 둘, 셋, 넷, 다섯!"

로운이의 이마에서 땀이 흘러 뚝뚝 떨어졌다. 곁에서 선호가 작은 목소리로 숫자를 세며 가슴을 압박하고 있는 로운이의 심폐 소생술을 도왔다.

"하나, 둘, 셋, 넷, 다섯, 여섯, 일곱, 여덟……."

그렇게 심폐 소생술 30회가 끝나고 선호가 편의점 아저씨의 머리를 젖혀 기도를 확보해 인공호흡을 2회 실시했다. 그사이 119 구급대가 도착했다. 들것에 실린 편의점 아저씨의 가슴이 오르락내리락했다. 호흡이 돌아온 것이다.

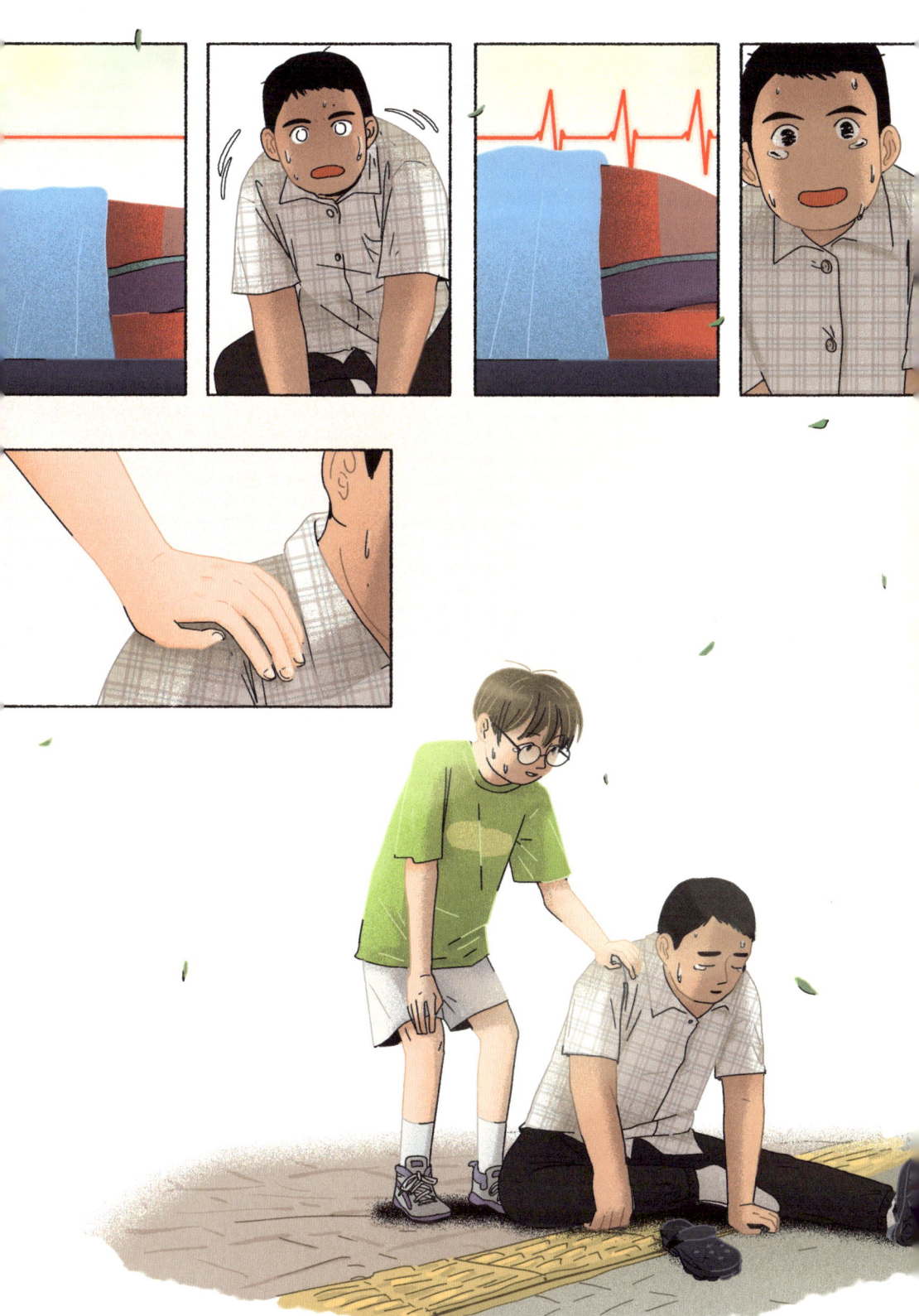

"아, 다행이다. 다행이다."

로운이는 그 자리에 맥없이 주저앉아 그제야 가쁜 숨을 몰아쉬었다. 선호가 로운이의 어깨를 토닥토닥했다.

편의점 아저씨를 태운 구급차가 사이렌을 울리며 지나갔다.

"어떻게 왔어?"

로운이가 물었다.

"아니, 그냥 너 기다릴까 봐 한번 와 봤는데."

선호의 눈에 눈물이 어룽져 있었다.

"나는 너 안 와서……."

로운이도 울기 시작했다.

그때였다. 주위에서 사람들이 박수를 치기 시작했다. 로운이는 놀라서 사람들을 바라보았다. 언제 모였을까 싶을 만큼 많은 사람들이 모여 있었다.

"세상에, 초등학생들이 너무 훌륭하다."

"정말 대단해!"

사람들의 칭찬에 로운이도 선호도 얼굴이 발그레해졌다.

"……대회는 못 나가겠지. 시간이 너무 지나서."

선호의 말에 로운이가 고개를 끄덕였다.

"그래도 우리는 진짜로 했잖아. 대회가 아니라 실제로!"

"맞아, 편의점 아저씨는 무사하실 거야."

로운이와 선호는 언제 울었냐는 듯 밝게 웃었다. 비록 대회에 참가하지 못했지만 그래서 학교를 대표하지 못했지만, 이미 상을 받은 것처럼 마음이 뿌듯했다. 꺼질 것만 같았던 숨결이 되살아나 다시 호흡하던 편의점 아저씨가 그 증거였다.

"기적이 일어난 것 같지?"

로운이가 선호에게 물었다. 선호가 고개를 끄덕였다. 로운이와 선호는 생각했다. 자기 자신이 꽤 괜찮은 것 같다는 생각. 로운이와 선호는 눈이 마주치기만 해도 자꾸만 웃음이 나왔다. 그 모습을 바라보는 사람들의 표정이 모두 닮아 있었다. 그 순간, 그 자리에서, 기적을 목격하였으므로.

애니

그날 뉴스에 로운이와 선호가 일으킨 기적에 대한 이야기가 나왔다. 선호는 뉴스를 보다가 방으로 들어가 연필을 잡았다.

매일 기적을 기다리는 인형이 있습니다.
그 인형의 이름은 애니예요. 애니는 누군가에게 이런 말을 들었어요.
"너는 기적을 일으키는 인형이란다."

심폐 소생술로 생명 구
초등학생 천사들

"기적이 뭐예요?"

"도저히 일어날 수 없을 것 같은 일이 일어나는 게 기적이지."

애니는 그 말이 정말 이상했어요. 도저히 일어날 수 없는 일인데 어떻게 일어난다는 걸까요?

하지만 그날부터였어요. 애니는 매일 기적에 대해 생각했어요. 기적은 정말 위대한 일이었어요.

큰 사고에서 목숨을 잃을 뻔한 사람이 살아나거나, 낫지 못하는 병에 걸린 사람이 씻은 듯 낫거나, 가능성이 없던 일을 해냈을 때를 기적이라 불렀어요.

애니는 궁금했어요.

"제가 어떻게 그런 기적을 일으킬 수 있죠?"

애니는 알 수 없었어요. 하지만 확신에 찬 누군가가 말해 주었어요.

"곧 기적을 만나게 될 거야."

애니는 그저 사람들의 심폐 소생술 연습을 도우며 기적을 기다리고 또 기다렸어요.

그러던 어느 날이었어요.

하나 둘 셋, 둘 둘 셋, 셋 둘 셋. 숨이 전달되고 전달되어 사그라들던 생명이 눈을 뜨고 숨을 쉬는 기적이 일어났어요.

세상의 많고 많은 인형 중 가장 많은 생명을 살린 인형. 애니는 기적을 일으키는 인형입니다.

심폐 소생술을 알아봐요!

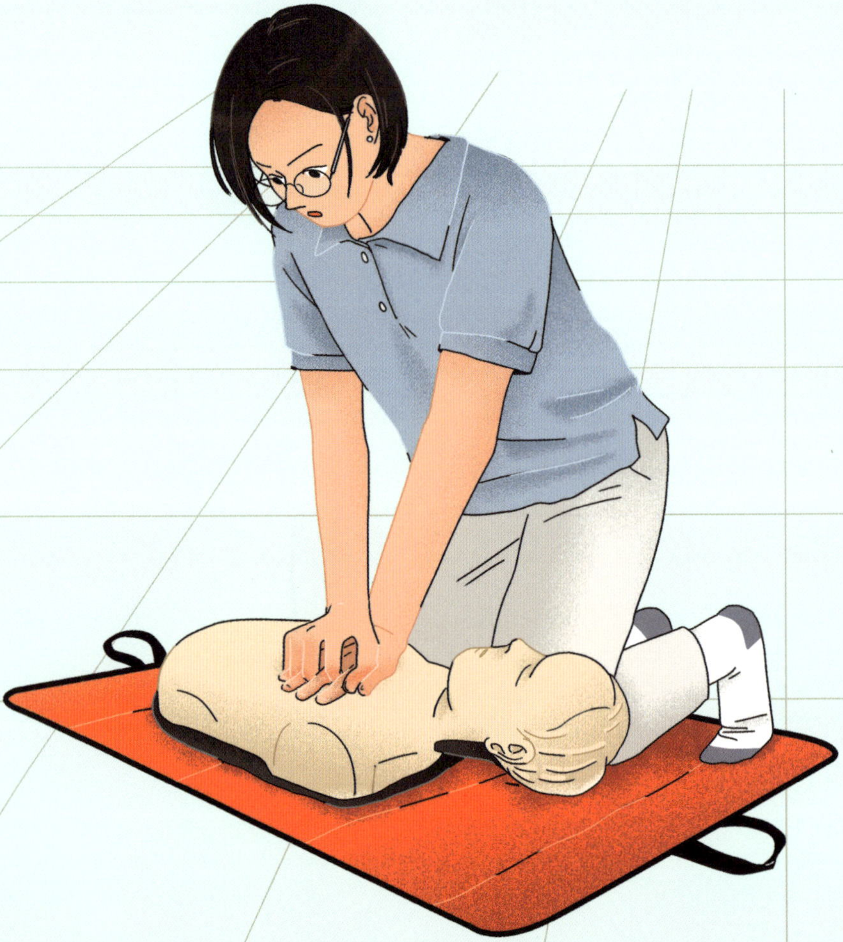

생명을 구하는 심폐 소생술! 언제 어디에서 닥칠지 모르는 위급 상황에 대비해 미리 알아 두면 좋겠죠? 다 함께 올바른 심폐 소생술 방법에 대해 알아봐요.

심폐 소생술이란?

심폐 소생술은 CPR(Cardiopulmonary Resuscitation)이라고도 불러요. 심폐(심장과 폐)의 기능이 정지하거나 호흡이 멎었을 경우에 할 수 있는 응급 처치법이지요. 어떠한 이유로 심장이 멈추어 피가 순환하지 않고 약 4분이 지나면 뇌에 산소가 공급되지 않아 뇌 손상이 시작돼요. 그래서 심장이 멈추면 4분 내로 심폐 소생술이 진행되어야 하기 때문에 이 4분을 골든 타임이라고 불러요. 골든 타임은 재난 사고나 응급 의료 등의 상황에서 환자의 생존 가능성이 높은 시간을 말한답니다.

어린이도 심폐 소생술을 할 수 있나요?

심폐 소생술이 중요하다는 것은 알고 있지만 실제로 심장이 멈춰 쓰러진 환자를 만났을 때 심폐 소생술을 하는 건 어려운 일이에요. 따라서 심폐 소생술 실습 교육을 통해 위급 상황에서 바로 시행할 수 있도록 몸으로 익히고 습득해야 하지요. 보통 만 10세 이상이 되면 심폐 소생술을 배우고 시행할 수 있다고 보기 때문에 초등학교 5, 6학년의 경우 심폐 소생술 교육을 받을 수 있어요.

심폐 소생술, 어떻게 하면 되나요?

1. 환자 의식 확인하기

환자의 어깨를 가볍게 두드리면서 "괜찮으세요? 제 말 들리세요?" 하고 물으며 의식을 확인합니다. 의식이 있는 경우 신음 소리를 내거나 대답을 하게 됩니다.

2. 119 신고 및 도움 요청하기

환자의 의식이 없는 경우, 주변 사람을 콕 집어서(예를 들어 빨간 모자 쓰신 분) 119 신고를 부탁하고 자동 심장 충격기를 요청합니다.

3. 호흡 확인하기

환자의 코와 얼굴을 찬찬히 살피고, 가슴이 오르내리는지 보며 호흡을 확인합니다. 일반인은 호흡과 맥박을 확인하기 힘들기 때문에 응급 의료 전화 상담원 안내에 따라서 행동합니다. 호흡이 없거나, 호흡이 이상하면 곧바로 심폐 소생술을 시작합니다.

4. 가슴 압박점 찾기

환자의 가슴뼈 아래쪽 1/2 지점 중앙에 한 손바닥을 올려놓고 그 위에 다른 손을 겹쳐 깍지를 낍니다.

5. 가슴 압박하기

분당 100~120회의 속도, 약 5센티미터의 깊이로 30회 압박합니다. 압박할 때 양팔을 쭉 편 상태에서 체중을 실어 환자의 몸과 팔이 수직이 되게 눌러 줍니다.

6. 인공호흡하기

환자의 머리를 뒤로 젖히고 턱은 들어 올려 기도를 확보합니다. 입을 완전히 막은 뒤 공기를 1초 동안 가슴이 올라올 정도로 불어 넣습니다. 인공호흡을 2회 실시합니다.

자동 심장 충격기나 119 구급대가 현장에 도착할 때까지 혹은 환자의 호흡이 돌아올 때까지 반복해서 시행합니다. 만약 인공호흡 방법을 모른다면 인공호흡을 생략하고 가슴 압박을 지속적으로 실시합니다.

위급 상황에서 올바른 신고 방법은?

1. 119에 전화를 걸어 침착하게 있는 그대로 상황을 설명합니다.

2. 주변 건물이나 간판 등으로 상세히 위치를 알립니다.

3. 환자의 의식, 호흡, 체온, 외상 등 모든 증상과 정보를 전달합니다.

4. 구급대원의 질문에 성실히 대답하며 전화를 끊지 않고 응급 처치 등 지시에 따릅니다.

만약 말하기가 어렵다면 119를 누르고 영상 통화 버튼을 눌러 영상 통화 신고를 할 수 있어요. 그러면 보다 정확하고 생생한 상황을 전달할 수 있답니다. 그럼 오늘도 모두 건강한 하루 보내요!